Jump Jesus Ubiquitous Mission Person
언제 어디서나 복음을 전하는 사람

점프!
전도대상자를 찾아라

예비 크리스천 신상 메모노트

VIP 발굴 제 ___ 권
취재 PD _____

내가 사랑으로 찾아나서는 **특별한 사람들**

아마 잃어버린 드라크마를 찾은 것처럼
놀라운 감격의 기쁨을 맛보게 될 것이다.
– 점프맨을 꿈꾸는 사람들 –

도서출판 갈릴리
www.G4004.com

예수님의 눈빛으로 세상을 인식하라

삶의 우선순위 첫째는 하나님을 일등으로 모시는 일입니다.
삶의 우선순위 둘째는 이웃을 일등으로 모시는 일입니다.
그 동안 이웃을 어떻게 대하며 지내 오셨나요?
흘러오고 흘러가는 시간 속에서 만나게 되는 수많은 사람들이 있었지요
무관심은 아무런 흔적 없이 지나치게 되지만 마음을 모두고 바라봄의 법칙을 적용해 보면 놀랍게도 사랑의 창조주께서 찾으시는 사람들이 곳곳마다 많이 있음을 느낄 수 있으며 실제 만나고 열매 맺게 하는 이적을 보게 될것이다.
혹 나와 우리가 무심코 지나치는 길목에서 관심과 필요를 했던 사람을 외면 하지는 않으셨나요. 이제 내가 아는 사람과 알게 될 사람들을 남녀 노소 모두 메모해 봅시다.
성령의 도우심을 의지하고 주님의 사랑으로 다가가야 할 대상이 있다면 십자가 사랑으로 노크해 봅시다.
예수님께서는 그 일을 양식으로 여기셨다던데요.
그러면 우리가 예수님 제자 이지요. 맞나요?

요 4:34~35 "예수께서 이르시되 나의 양식은 나를 보내신 이의 뜻을 행하며 그의 일을 온전히 이루는 이것이니라. 너희는 넉 달이 지나야 추수할 때가 이르겠다 하지 아니하느냐 그러나 나는 너희에게 이르노니 너희 눈을 들어 밭을 보라 희어져 추수하게 되었도다."

점프전도운동 김영수

점프!전도 대상을 찾아라

1	2	3	4	5	6

7	8	9	10	11	12

13	14	15	16	17	18

19	20	21	22	23	24

25	26	27	28	29	30

31	32	33	34	35	36

37	38	39	40	41	42

43	44	45	46	47	48

49	50	51	52	53	54

55	56	57	58	59	60

61	62	63	64	65	66

67	68	69	70	71	72

73	74	75	76	77	78

79	80	81	82	83	84

85	86	87	88	89	90

91	92	93	94	95	96

97	98	99	100	101	102

103	104	105	106	107	108

109	110	111	112	113	114

115	116	117	118	119	120

121	122	123	124	125	126

127	128	129	130	131	132

133	134	135	136	137	138

139	140	141	142	143	144

145	146	147	148	149	150

풍부한 하나님의 창고

" 하나님의 창고는 항상 풍부하다.
하나님은 없어서 못 주시는 분이 아니시다.
단지 인간의 편에서 받을 그릇이 없기 때문이다.
나는 사람에게 구걸하지 않고 하나님께 간구하겠다.
하나님께 올린 청구서만 분명하다면 하나님께서는 언제라도 주시는 분이다."

이는 조지 뮬러의 체험적 신앙고백이다.
그는 일평생 3만 5천 건의 기도응답을 받았다.
그는 고아원에서 모인 아이들의 영혼을 뜨겁게 사랑했기 때문에 언제나 그들을 충분히 먹일 수 있었다.
조지 뮬러는 평생 불신의 친구 다섯명의 영혼을 위해 기도하였다.
그 다섯 명은 사업가, 학자, 반기독교인, 정치가 그리고 또 한 명은 순수한 평민이었다.
그 중에 3년 만에 회개한 사람, 10년만에 돌아온 사람, 25년만에 임종 직전에 마지막 한 사람은 뮬러가 죽은 후에 믿었다.
그야말로 기도의 승리입니다.
한 가지 신기한 것은 다섯 명 중에서 제일 반 기독자였던 친구가 가장 먼저 돌아왔다는 사실이다.
우리는 전도할 때 인간적인 판단으로 " 저 사람만은 안돼, 저 사람은 제쳐놓자" 하는 사고방식을 불식시켜야 한다.
하나님께서 감동시키시고 이끌면 쇳덩어리도 녹아지고 깡패도 변하여 새사람이 됩니다.
그러므로 먼저 기도로써 강팍한 마음을 일구어 나가자 기도가 없으면 승산이 없다 .

하나님도 거짓말을 하십니까? 중에서…

VIP 정보란 — 예비크리스천 발굴대장

순번	성 명		만남 동기와 장소		직 업	
No 1	주 소				□□□-□□□	
	핸드폰		이메일		종 교	
	전 화		나와관계		전도대상 관리여부	○ ×
	메모란					
				점프리더수첩으로 명부 이전		○ ×

순번	성 명		만남 동기와 장소		직 업	
No 2	주 소				□□□-□□□	
	핸드폰		이메일		종 교	
	전 화		나와관계		전도대상 관리여부	○ ×
	메모란					
				점프리더수첩으로 명부 이전		○ ×

순번	성 명		만남 동기와 장소		직 업	
No 3	주 소				□□□-□□□	
	핸드폰		이메일		종 교	
	전 화		나와관계		전도대상 관리여부	○ ×
	메모란					
				점프리더수첩으로 명부 이전		○ ×

세상의 빛

우리는 우리가 살고 있는 동네의 제사장이다.
그렇기 때문에 이웃들이 도움을 요청할 때 우리는 즉시 달려가서 도와주어야 한다.
어린아이를 돌봐 줄 사람이 급히 필요할 때, 또는 경제적인 어려움에 부딪혔을 때도 어떤 식으로든 그들에게 도움이 되어야 합니다.
그리하여 우리의 이웃들이 우리를 통해 하나님 안에서 놀라운 삶을 발견할 수 있어야 합니다. 우리가 세상의 빛이 되려면 우선 가정을 본래의 위치에 가져다 놓아야 합니다.
빛이 필요한 곳은 우리가 사는 동네, 즉 어두움 속입니다.

어느 도시의 시장이 전망대에 올라가서 도시의 야경을 감상하고 있었습니다.
'야! 정말 아름답구나. 이 불빛을 한 건물안에 다 모으면 얼마나 멋질까!' 그 시장이 커다란 건물을 지어 전등을 그곳으로 다 모으고, 다른 곳은 모두 암흑 속에 들어가게 만들었다고 합시다 그 도시가 어떻게 되겠습니까? 우리도 마찬가지입니다. 우리는 빛을 가지고 나가서 이웃들에게 비추어야 합니다.
빛은 어두움 가운데 있는 사람들을 비출 때 그 가치를 제대로 발휘하는 것입니다. 빛을 가장 효과적으로 밝힐 수 있는 곳이 바로 이웃을 향한 우리의 가정임을 기억하십시요

- 나는 너희의 백성이 되고 / 후안카를로스 오르띠즈 -

VIP 정보란 예비크리스천 발굴대장

순번	성 명		만남 동기와 장소		직 업	
No 4	주 소					□□□-□□□
	핸드폰		이메일		종 교	
	전 화		나와관계		전도대상 관리여부	○ ×
	메모란					
				점프리더수첩으로 명부 이전		○ ×

순번	성 명		만남 동기와 장소		직 업	
No 5	주 소					□□□-□□□
	핸드폰		이메일		종 교	
	전 화		나와관계		전도대상 관리여부	○ ×
	메모란					
				점프리더수첩으로 명부 이전		○ ×

순번	성 명		만남 동기와 장소		직 업	
No 6	주 소					□□□-□□□
	핸드폰		이메일		종 교	
	전 화		나와관계		전도대상 관리여부	○ ×
	메모란					
				점프리더수첩으로 명부 이전		○ ×

하·나·님·사·랑·점·프·이·웃·사·랑·점·프

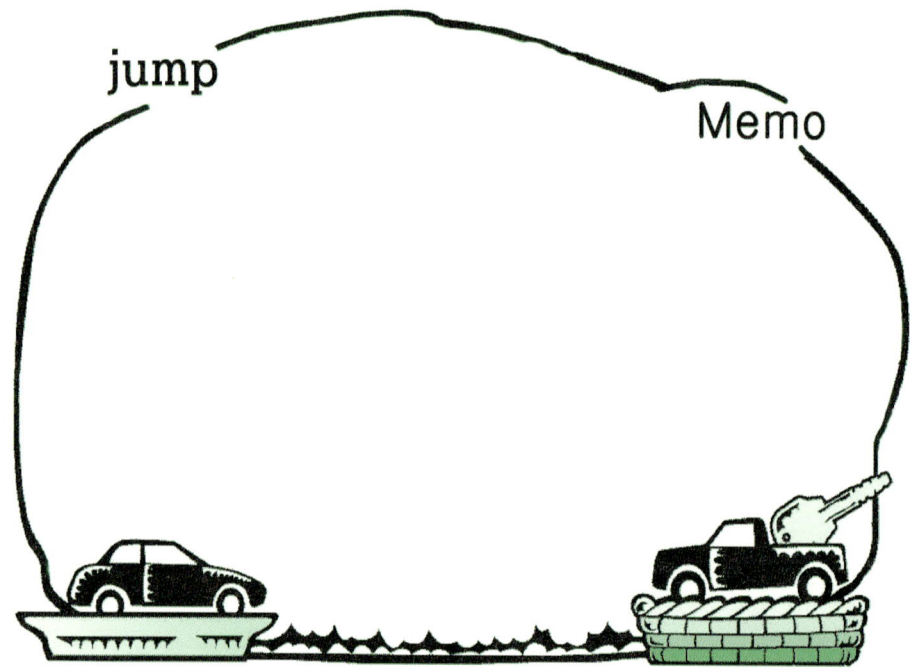

내가 복음을 위하여 모든 것을 행함은 복음에 참여하고자 함이라 (고린도전서 9:23)

VIP 정보란 예비크리스천 발굴대장

순번	성 명	만남 동기와 장소		직 업	
No 7	주 소			□□□-□□□	
	핸드폰	이메일		종 교	
	전 화	나와관계		전도대상 관리여부	○ ×
	메모란			점프리더수첩으로 명부 이전	○ ×

순번	성 명	만남 동기와 장소		직 업	
No 8	주 소			□□□-□□□	
	핸드폰	이메일		종 교	
	전 화	나와관계		전도대상 관리여부	○ ×
	메모란			점프리더수첩으로 명부 이전	○ ×

순번	성 명	만남 동기와 장소		직 업	
No 9	주 소			□□□-□□□	
	핸드폰	이메일		종 교	
	전 화	나와관계		전도대상 관리여부	○ ×
	메모란			점프리더수첩으로 명부 이전	○ ×

하 · 나 · 님 · 사 · 랑 · 점 · 프 · 이 · 웃 · 사 · 랑 · 점 · 프

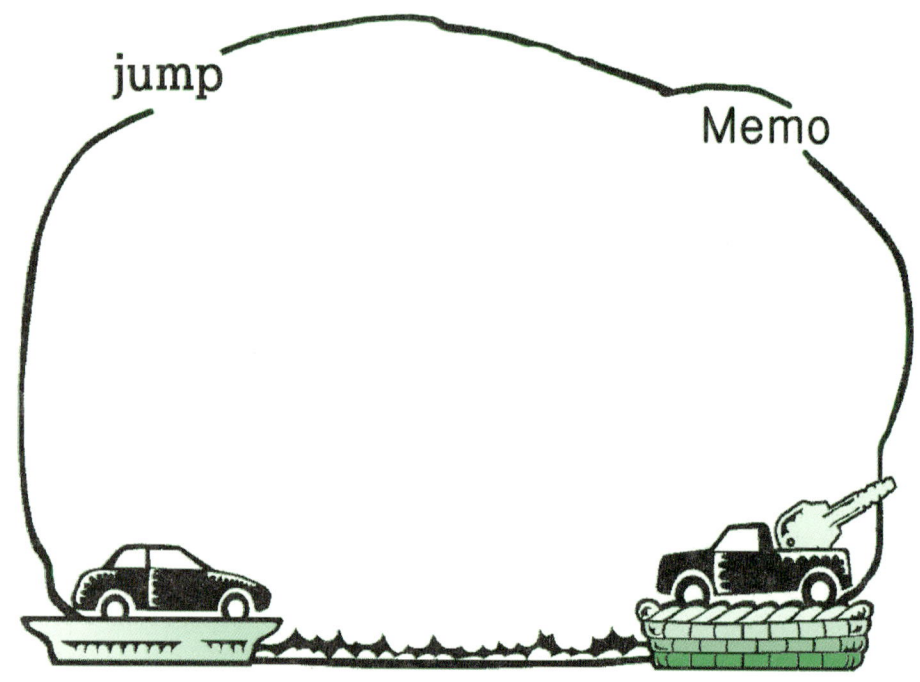

만일 너희가 믿음에 거하고 터 위에 굳게 서서 너희 들은 바 복음의 소망에서 흔들리지 아니하면 그리하리라 이 복음은 천하 만민에게 전파된 바요 나 바울은 이 복음의 일꾼이 되었노라
(골로새서 1:23)

VIP 정보란 — 예비크리스천 발굴대장

순번	성 명		만남 동기와 장소		직 업	
No 10	주 소					□□□-□□□
	핸드폰		이메일		종 교	
	전 화		나와관계		전도대상 관리여부	○ ×
	메모란					
				점프리더수첩으로 명부 이전		○ ×

순번	성 명		만남 동기와 장소		직 업	
No 11	주 소					□□□-□□□
	핸드폰		이메일		종 교	
	전 화		나와관계		전도대상 관리여부	○ ×
	메모란					
				점프리더수첩으로 명부 이전		○ ×

순번	성 명		만남 동기와 장소		직 업	
No 12	주 소					□□□-□□□
	핸드폰		이메일		종 교	
	전 화		나와관계		전도대상 관리여부	○ ×
	메모란					
				점프리더수첩으로 명부 이전		○ ×

하·나·님·사·랑·점·프·이·웃·사·랑·점·프

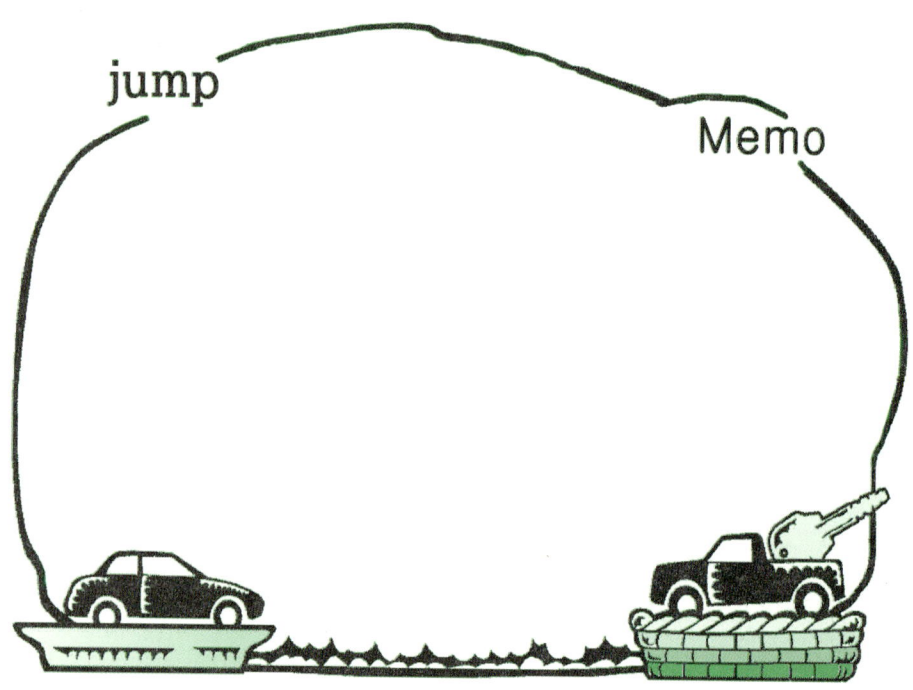

복음을 그 성에서 전하여 많은 사람을 제자로 삼고 루스드라와 이고니온과 안디옥으로 돌아가서
(사도행전 14:21)

VIP 정보란 — 예비크리스천 발굴대장

순번	성 명		만남 동기와 장소		직 업	
No 13	주 소					□□□-□□□
	핸드폰		이메일		종 교	
	전 화		나와관계		전도대상 관리여부	○ ×
	메모란				점프리더수첩으로 명부 이전	○ ×

순번	성 명		만남 동기와 장소		직 업	
No 14	주 소					□□□-□□□
	핸드폰		이메일		종 교	
	전 화		나와관계		전도대상 관리여부	○ ×
	메모란				점프리더수첩으로 명부 이전	○ ×

순번	성 명		만남 동기와 장소		직 업	
No 15	주 소					□□□-□□□
	핸드폰		이메일		종 교	
	전 화		나와관계		전도대상 관리여부	○ ×
	메모란				점프리더수첩으로 명부 이전	○ ×

하·나·님·사·랑·점·프·이·웃·사·랑·점·프

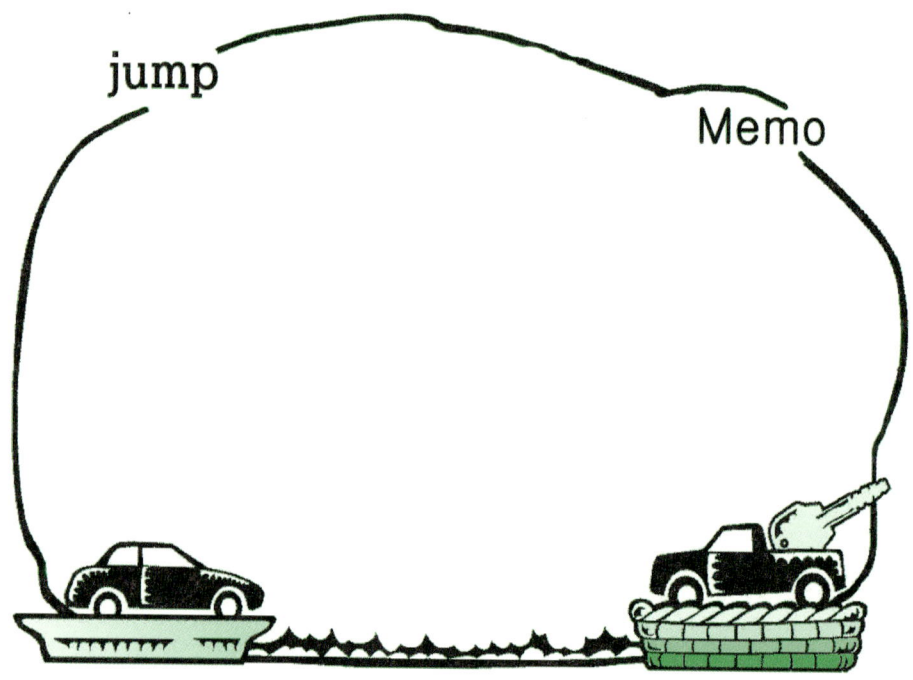

디모데의 연단을 너희가 아나니 자식이 아버지에게 함같이 나와 함께 복음을 위하여 수고 하였느니라 (빌립보서 2:22).

VIP 정보란 — 예비크리스천 발굴대장

순번	성 명		만남 동기와 장소		직 업	
No 16	주 소				□□□-□□□	
	핸드폰		이메일		종 교	
	전 화		나와관계		전도대상 관리여부	○ ×
	메모란					
				점프리더수첩으로 명부 이전		○ ×

순번	성 명		만남 동기와 장소		직 업	
No 17	주 소				□□□-□□□	
	핸드폰		이메일		종 교	
	전 화		나와관계		전도대상 관리여부	○ ×
	메모란					
				점프리더수첩으로 명부 이전		○ ×

순번	성 명		만남 동기와 장소		직 업	
No 18	주 소				□□□-□□□	
	핸드폰		이메일		종 교	
	전 화		나와관계		전도대상 관리여부	○ ×
	메모란					
				점프리더수첩으로 명부 이전		○ ×

하·나·님·사·랑·점·프·이·웃·사·랑·점·프

복음으로 말미암아 내가 죄인과 같이 매이는 데까지 고난을 받았으나 하나님의 말씀은 매이지 아니하니라 (디모데후서 2:9)

VIP 정보란 예비크리스천 발굴대장

순번	성 명		만남 동기와 장소		직 업	
No 19	주 소				☐☐☐-☐☐☐	
	핸드폰		이메일		종 교	
	전 화		나와관계		전도대상 관리여부	○ ×
	메모란				점프리더수첩으로 명부 이전	○ ×

순번	성 명		만남 동기와 장소		직 업	
No 20	주 소				☐☐☐-☐☐☐	
	핸드폰		이메일		종 교	
	전 화		나와관계		전도대상 관리여부	○ ×
	메모란				점프리더수첩으로 명부 이전	○ ×

순번	성 명		만남 동기와 장소		직 업	
No 21	주 소				☐☐☐-☐☐☐	
	핸드폰		이메일		종 교	
	전 화		나와관계		전도대상 관리여부	○ ×
	메모란				점프리더수첩으로 명부 이전	○ ×

하·나·님·사·랑·점·프·이·웃·사·랑·점·프

이를 위하여 우리의 복음으로 너희를 부르사 우리 주 예수 그리스도의 영광을 얻게 하려 하심이니라 (데살로니가후서 2:14)

VIP 정보란 — 예비크리스천 발굴대장

순번	성 명		만남 동기와 장소		직 업	
No 22	주 소					☐☐☐-☐☐☐
	핸드폰		이메일		종 교	
	전 화		나와관계		전도대상 관리여부	○ ×
	메모란					
				점프리더수첩으로 명부 이전		○ ×

순번	성 명		만남 동기와 장소		직 업	
No 23	주 소					☐☐☐-☐☐☐
	핸드폰		이메일		종 교	
	전 화		나와관계		전도대상 관리여부	○ ×
	메모란					
				점프리더수첩으로 명부 이전		○ ×

순번	성 명		만남 동기와 장소		직 업	
No 24	주 소					☐☐☐-☐☐☐
	핸드폰		이메일		종 교	
	전 화		나와관계		전도대상 관리여부	○ ×
	메모란					
				점프리더수첩으로 명부 이전		○ ×

하·나·님·사·랑·점·프·이·웃·사·랑·점·프

내가 복음을 전할지라도 자랑할 것이 없음은 내가 부득불 할 일임이라 만일 복음을 전하지 아니하면 내게 화가 있을 것이로다 (고린도전서 9:16).

VIP 정보란 — 예비크리스천 발굴대장

순번	성 명		만남 동기와 장소		직 업	
No 25	주 소				□□□-□□□	
	핸드폰		이메일		종 교	
	전 화		나와관계		전도대상 관리여부	○ ×
	메모란					
				점프리더수첩으로 명부 이전		○ ×

순번	성 명		만남 동기와 장소		직 업	
No 26	주 소				□□□-□□□	
	핸드폰		이메일		종 교	
	전 화		나와관계		전도대상 관리여부	○ ×
	메모란					
				점프리더수첩으로 명부 이전		○ ×

순번	성 명		만남 동기와 장소		직 업	
No 27	주 소				□□□-□□□	
	핸드폰		이메일		종 교	
	전 화		나와관계		전도대상 관리여부	○ ×
	메모란					
				점프리더수첩으로 명부 이전		○ ×

하·나·님·사·랑·점·프·이·웃·사·랑·점·프

복음에는 하나님의 의가 나타나서 믿음으로 믿음에 이르게 하나니 기록된 바 오직 의인은 믿음으로 말미암아 살리라 함과 같으니라 (로마서 1:17).

VIP 정보란 예비크리스천 발굴대장

순번	성 명		만남 동기와 장소		직 업	
No 28	주 소					☐☐☐-☐☐☐
	핸드폰		이메일		종 교	
	전 화		나와관계		전도대상 관리여부	○ ×
	메모란				점프리더수첩으로 명부 이전	○ ×

순번	성 명		만남 동기와 장소		직 업	
No 29	주 소					☐☐☐-☐☐☐
	핸드폰		이메일		종 교	
	전 화		나와관계		전도대상 관리여부	○ ×
	메모란				점프리더수첩으로 명부 이전	○ ×

순번	성 명		만남 동기와 장소		직 업	
No 30	주 소					☐☐☐-☐☐☐
	핸드폰		이메일		종 교	
	전 화		나와관계		전도대상 관리여부	○ ×
	메모란				점프리더수첩으로 명부 이전	○ ×

하·나·님·사·랑·점·프·이·웃·사·랑·점·프

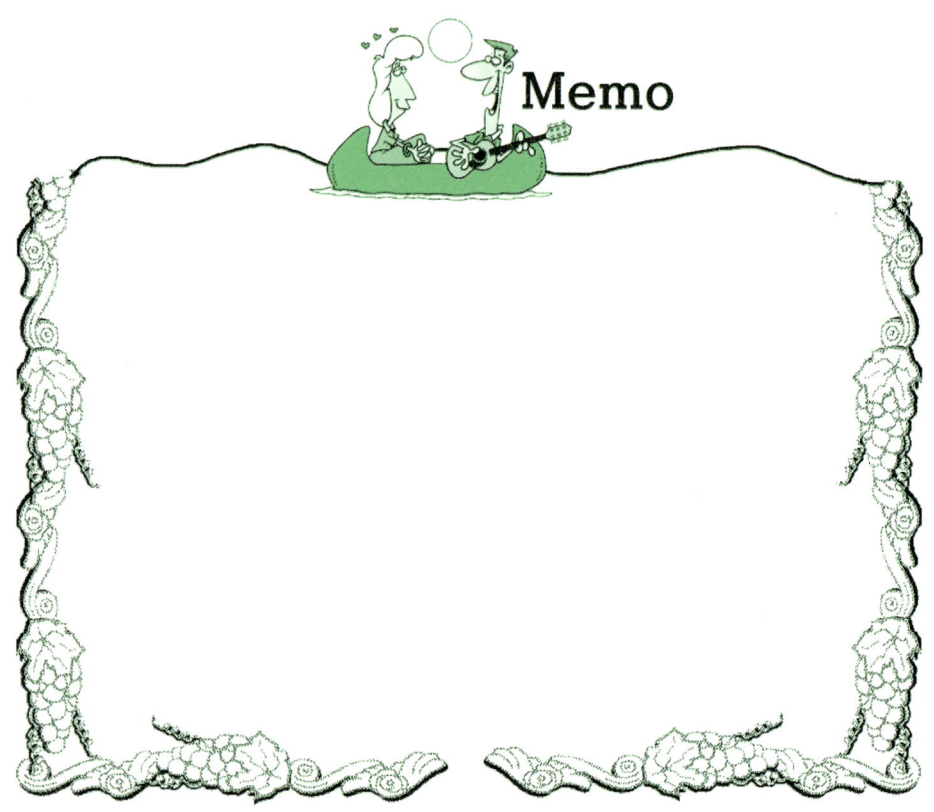

그런즉 내 상이 무엇이냐 내가 복음을 전할 때에 값없이 전하고 복음으로 말미암아 내게 있는 권리를 다 쓰지 아니하는 이것이로다 (고린도전서 9:18)

VIP 정보란 — 예비크리스천 발굴대장

순번	성 명		만남 동기와 장소		직 업	
No 31	주 소					□□□-□□□
	핸드폰		이메일		종 교	
	전 화		나와관계		전도대상 관리여부	○ ×
	메모란					
				점프리더수첩으로 명부 이전		○ ×

순번	성 명		만남 동기와 장소		직 업	
No 32	주 소					□□□-□□□
	핸드폰		이메일		종 교	
	전 화		나와관계		전도대상 관리여부	○ ×
	메모란					
				점프리더수첩으로 명부 이전		○ ×

순번	성 명		만남 동기와 장소		직 업	
No 33	주 소					□□□-□□□
	핸드폰		이메일		종 교	
	전 화		나와관계		전도대상 관리여부	○ ×
	메모란					
				점프리더수첩으로 명부 이전		○ ×

하・나・님・사・랑・점・프・이・웃・사・랑・점・프

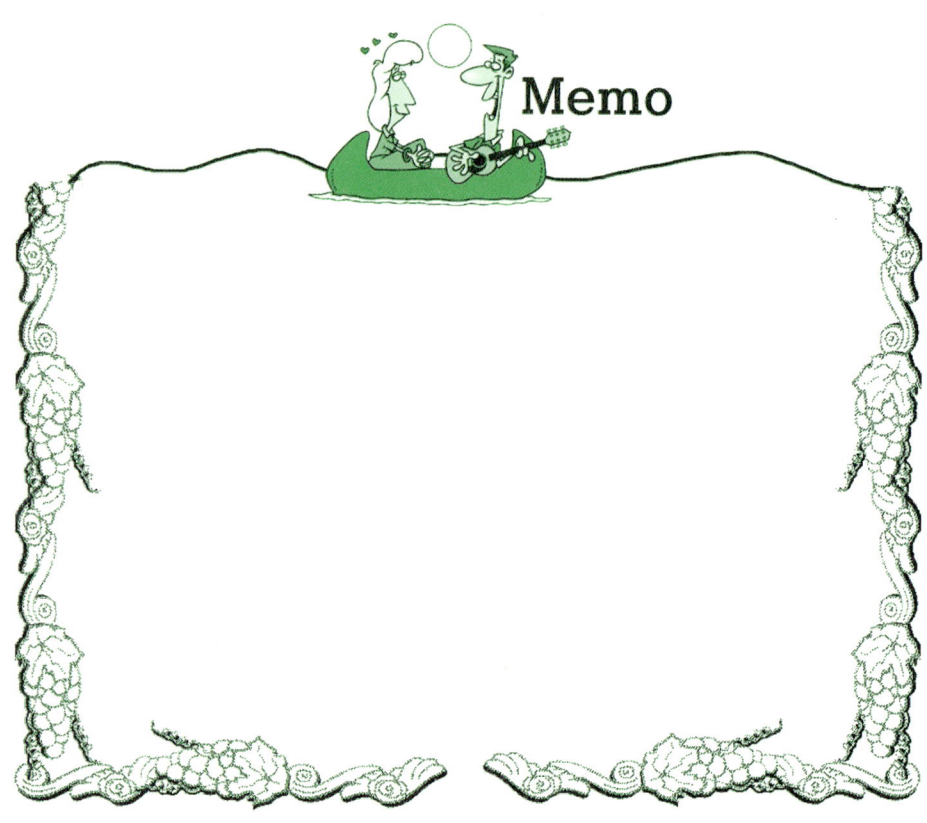

그들이 알고 도망하여 루가오니아의 두 성 루스드라와 더베와 그 근방으로 가서 거기서 복음을 전하니라 (사도행전 14:7)

VIP 정보란 — 예비크리스천 발굴대장

순번	성 명		만남 동기와 장소		직 업	
No 34	주 소					☐☐☐-☐☐☐
	핸드폰		이메일		종 교	
	전 화		나와관계		전도대상 관리여부	○ ×
	메모란					
				점프리더수첩으로 명부 이전		○ ×

순번	성 명		만남 동기와 장소		직 업	
No 35	주 소					☐☐☐-☐☐☐
	핸드폰		이메일		종 교	
	전 화		나와관계		전도대상 관리여부	○ ×
	메모란					
				점프리더수첩으로 명부 이전		○ ×

순번	성 명		만남 동기와 장소		직 업	
No 36	주 소					☐☐☐-☐☐☐
	핸드폰		이메일		종 교	
	전 화		나와관계		전도대상 관리여부	○ ×
	메모란					
				점프리더수첩으로 명부 이전		○ ×

하·나·님·사·랑·점·프·이·웃·사·랑·점·프

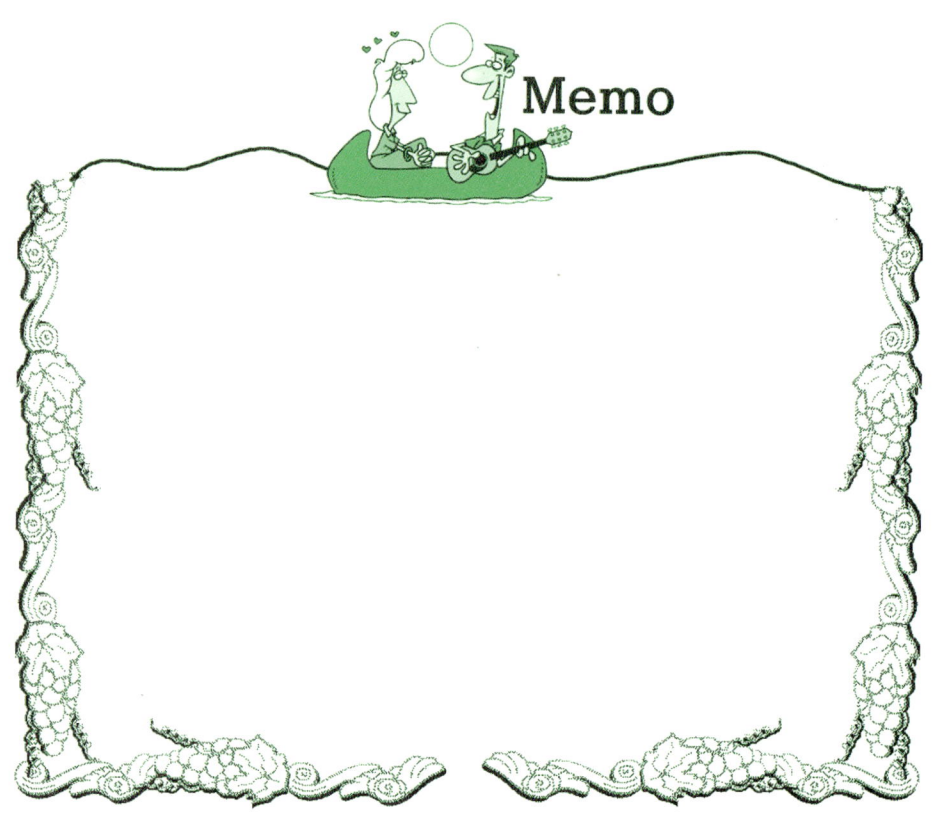

그러므로 나는 할 수 있는 대로 로마에 있는 너희에게도 복음 전하기를 원하노라 (로마서 1:15)

VIP 정보란 — 예비크리스천 발굴대장

순번	성 명		만남 동기와 장소		직 업	
No 37	주 소					☐☐☐-☐☐☐
	핸드폰		이메일		종 교	
	전 화		나와관계		전도대상 관리여부	○ ×
	메모란					
				점프리더수첩으로 명부 이전		○ ×

순번	성 명		만남 동기와 장소		직 업	
No 38	주 소					☐☐☐-☐☐☐
	핸드폰		이메일		종 교	
	전 화		나와관계		전도대상 관리여부	○ ×
	메모란					
				점프리더수첩으로 명부 이전		○ ×

순번	성 명		만남 동기와 장소		직 업	
No 39	주 소					☐☐☐-☐☐☐
	핸드폰		이메일		종 교	
	전 화		나와관계		전도대상 관리여부	○ ×
	메모란					
				점프리더수첩으로 명부 이전		○ ×

하·나·님·사·랑·점·프·이·웃·사·랑·점·프

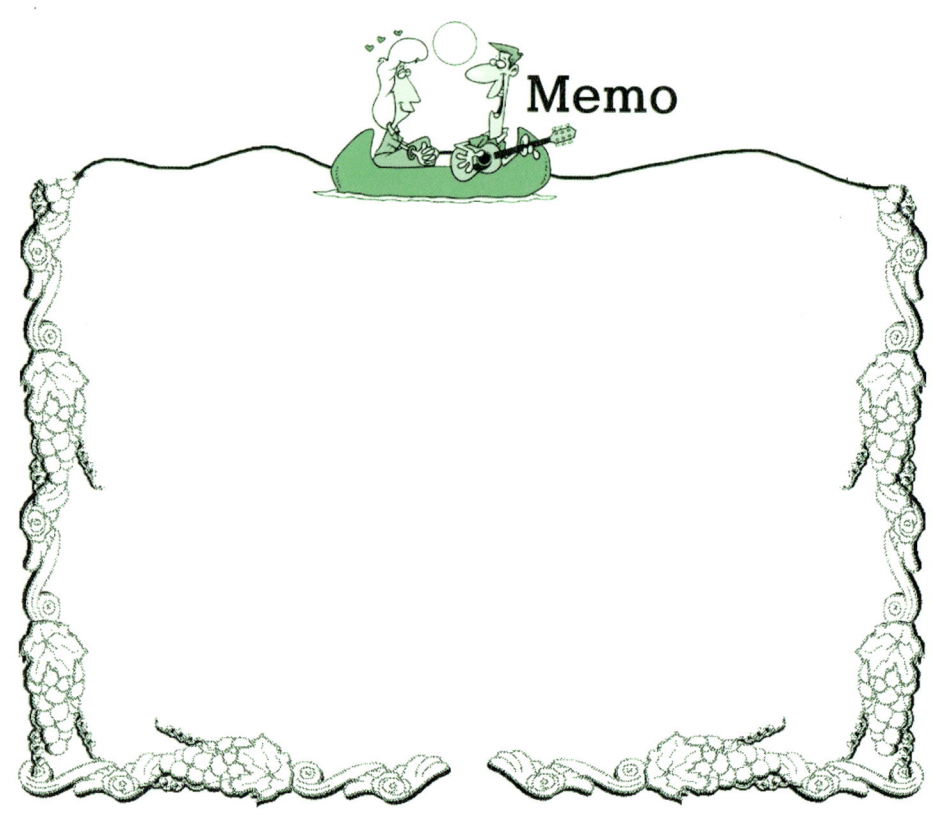

내가 복음을 부끄러워하지 아니하노니 이 복음은 모든 믿는 자에게 구원을 주시는 하나님의 능력이 됨이라 먼저는 유대인에게요 그리고 헬라인에게로다 (로마서 1:16)

VIP 정보란 — 예비크리스천 발굴대장

순번	성 명		만남 동기와 장소		직 업	
No 40	주 소					☐☐☐-☐☐☐
	핸드폰		이메일		종 교	
	전 화		나와관계		전도대상 관리여부	○ ×
	메모란					
				점프리더수첩으로 명부 이전		○ ×

순번	성 명		만남 동기와 장소		직 업	
No 41	주 소					☐☐☐-☐☐☐
	핸드폰		이메일		종 교	
	전 화		나와관계		전도대상 관리여부	○ ×
	메모란					
				점프리더수첩으로 명부 이전		○ ×

순번	성 명		만남 동기와 장소		직 업	
No 42	주 소					☐☐☐-☐☐☐
	핸드폰		이메일		종 교	
	전 화		나와관계		전도대상 관리여부	○ ×
	메모란					
				점프리더수첩으로 명부 이전		○ ×

하·나·님·사·랑·점·프·이·웃·사·랑·점·프

형제들아 내가 당한 일이 도리어 복음 전파에 진전이 된 줄을 너희가 알기를 원하노라
(빌립보서 1:12)

VIP 정보란 — 예비크리스천 발굴대장

순번	성 명		만남 동기와 장소		직 업	
No 43	주 소					☐☐☐-☐☐☐
	핸드폰		이메일		종 교	
	전 화		나와관계		전도대상 관리여부	○ ×
	메모란					
				점프리더수첩으로 명부 이전		○ ×

순번	성 명		만남 동기와 장소		직 업	
No 44	주 소					☐☐☐-☐☐☐
	핸드폰		이메일		종 교	
	전 화		나와관계		전도대상 관리여부	○ ×
	메모란					
				점프리더수첩으로 명부 이전		○ ×

순번	성 명		만남 동기와 장소		직 업	
No 45	주 소					☐☐☐-☐☐☐
	핸드폰		이메일		종 교	
	전 화		나와관계		전도대상 관리여부	○ ×
	메모란					
				점프리더수첩으로 명부 이전		○ ×

하·나·님·사·랑·점·프·이·웃·사·랑·점·프

오직 너희는 그리스도의 복음에 합당하게 생활하라 이는 내가 너희에게 가 보나 떠나 있으나 너희가 한마음으로 서서 한 뜻으로 복음의 신앙을 위하여 협력하는 것과 (빌립보서 1:27)

VIP 정보란 — 예비크리스천 발굴대장

순번	성 명		만남 동기와 장소		직 업	
No 46	주 소					□□□-□□□
	핸드폰		이메일		종 교	
	전 화		나와관계		전도대상 관리여부	○ ×
	메모란					
				점프리더수첩으로 명부 이전		○ ×

순번	성 명		만남 동기와 장소		직 업	
No 47	주 소					□□□-□□□
	핸드폰		이메일		종 교	
	전 화		나와관계		전도대상 관리여부	○ ×
	메모란					
				점프리더수첩으로 명부 이전		○ ×

순번	성 명		만남 동기와 장소		직 업	
No 48	주 소					□□□-□□□
	핸드폰		이메일		종 교	
	전 화		나와관계		전도대상 관리여부	○ ×
	메모란					
				점프리더수첩으로 명부 이전		○ ×

하・나・님・사・랑・점・프・이・웃・사・랑・점・프

율법과 선지자는 요한의 때까지요 그 후부터는 하나님 나라의 복음이 전파되어 사람마다 그리로 침입하느니라 (누가복음 16:16)

VIP 정보란 — 예비크리스천 발굴대장

순번	성 명	만남 동기와 장소		직 업	
No 49	주 소			□□□-□□□	
	핸드폰	이메일		종 교	
	전 화	나와관계		전도대상 관리여부	○ ×
	메모란				
			점프리더수첩으로 명부 이전		○ ×

순번	성 명	만남 동기와 장소		직 업	
No 50	주 소			□□□-□□□	
	핸드폰	이메일		종 교	
	전 화	나와관계		전도대상 관리여부	○ ×
	메모란				
			점프리더수첩으로 명부 이전		○ ×

순번	성 명	만남 동기와 장소		직 업	
No 51	주 소			□□□-□□□	
	핸드폰	이메일		종 교	
	전 화	나와관계		전도대상 관리여부	○ ×
	메모란				
			점프리더수첩으로 명부 이전		○ ×

하·나·님·사·랑·점·프·이·웃·사·랑·점·프

너희를 위하여 하늘에 쌓아 둔 소망으로 말미암음이니 곧 너희가 전에 복음 진리의 말씀을 들은 것이라 (골로새서 1:5)

VIP 정보란 — 예비크리스천 발굴대장

순번	성 명		만남 동기와 장소		직 업	
No 52	주 소				☐☐☐-☐☐☐	
	핸드폰		이메일		종 교	
	전 화		나와관계		전도대상 관리여부	○ ×
	메모란				점프리더수첩으로 명부 이전	○ ×

순번	성 명		만남 동기와 장소		직 업	
No 53	주 소				☐☐☐-☐☐☐	
	핸드폰		이메일		종 교	
	전 화		나와관계		전도대상 관리여부	○ ×
	메모란				점프리더수첩으로 명부 이전	○ ×

순번	성 명		만남 동기와 장소		직 업	
No 54	주 소				☐☐☐-☐☐☐	
	핸드폰		이메일		종 교	
	전 화		나와관계		전도대상 관리여부	○ ×
	메모란				점프리더수첩으로 명부 이전	○ ×

하·나·님·사·랑·점·프·이·웃·사·랑·점·프

형제들아 내가 너희에게 전한 복음을 너희에게 알게 하노니 이는 너희가 받은 것이요 또 그 가운데 선 것이라 (고린도전서 15:1)

VIP 정보란 예비크리스천 발굴대장

순번	성 명		만남 동기와 장소		직 업	
No 55	주 소					☐☐☐-☐☐☐
	핸드폰		이메일		종 교	
	전 화		나와관계		전도대상 관리여부	○ ×
	메모란					
				점프리더수첩으로 명부 이전		○ ×

순번	성 명		만남 동기와 장소		직 업	
No 56	주 소					☐☐☐-☐☐☐
	핸드폰		이메일		종 교	
	전 화		나와관계		전도대상 관리여부	○ ×
	메모란					
				점프리더수첩으로 명부 이전		○ ×

순번	성 명		만남 동기와 장소		직 업	
No 57	주 소					☐☐☐-☐☐☐
	핸드폰		이메일		종 교	
	전 화		나와관계		전도대상 관리여부	○ ×
	메모란					
				점프리더수첩으로 명부 이전		○ ×

두 사도가 주의 말씀을 증언하여 말한 후 예루살렘으로 돌아갈새 사마리아인의 여러 마을에서 복음을 전하니라 (사도행전 8:25)

VIP 정보란 — 예비크리스천 발굴대장

순번	성 명		만남 동기와 장소		직 업	
No 58	주 소				☐☐☐-☐☐☐	
	핸드폰		이메일		종 교	
	전 화		나와관계		전도대상 관리여부	○ ×
	메모란					
				점프리더수첩으로 명부 이전		○ ×

순번	성 명		만남 동기와 장소		직 업	
No 59	주 소				☐☐☐-☐☐☐	
	핸드폰		이메일		종 교	
	전 화		나와관계		전도대상 관리여부	○ ×
	메모란					
				점프리더수첩으로 명부 이전		○ ×

순번	성 명		만남 동기와 장소		직 업	
No 60	주 소				☐☐☐-☐☐☐	
	핸드폰		이메일		종 교	
	전 화		나와관계		전도대상 관리여부	○ ×
	메모란					
				점프리더수첩으로 명부 이전		○ ×

하·나·님·사·랑·점·프·이·웃·사·랑·점·프

하나님의 아들 예수 그리스도의 복음의 시작이라 (마가복음 1:1)

VIP 정보란 예비크리스천 발굴대장

순번	성 명		만남 동기와 장소		직 업	
No 61	주 소					□□□-□□□
	핸드폰		이메일		종 교	
	전 화		나와관계		전도대상 관리여부	○ ×
	메모란					
				점프리더수첩으로 명부 이전		○ ×

순번	성 명		만남 동기와 장소		직 업	
No 62	주 소					□□□-□□□
	핸드폰		이메일		종 교	
	전 화		나와관계		전도대상 관리여부	○ ×
	메모란					
				점프리더수첩으로 명부 이전		○ ×

순번	성 명		만남 동기와 장소		직 업	
No 63	주 소					□□□-□□□
	핸드폰		이메일		종 교	
	전 화		나와관계		전도대상 관리여부	○ ×
	메모란					
				점프리더수첩으로 명부 이전		○ ×

점프전도운동훈련

이 복음을 위하여 그의 능력이 역사하시는 대로 내게 주신 하나님의 은혜의 선물을 따라 내가 일꾼이 되었노라 (에베소서 3:7)

VIP 정보란 — 예비크리스천 발굴대장

순번	성 명		만남 동기와 장소		직 업	
No 64	주 소				☐☐☐-☐☐☐	
	핸드폰		이메일		종 교	
	전 화		나와관계		전도대상 관리여부	○ ×
	메모란				점프리더수첩으로 명부 이전 ○ ×	

순번	성 명		만남 동기와 장소		직 업	
No 65	주 소				☐☐☐-☐☐☐	
	핸드폰		이메일		종 교	
	전 화		나와관계		전도대상 관리여부	○ ×
	메모란				점프리더수첩으로 명부 이전 ○ ×	

순번	성 명		만남 동기와 장소		직 업	
No 66	주 소				☐☐☐-☐☐☐	
	핸드폰		이메일		종 교	
	전 화		나와관계		전도대상 관리여부	○ ×
	메모란				점프리더수첩으로 명부 이전 ○ ×	

하·나·님·사·랑·점·프·이·웃·사·랑·점·프

그가 어떤 사람은 사도로, 어떤 사람은 선지자로, 어떤 사람은 복음 전하는 자로, 어떤 사람은 목사와 교사로 삼으셨으니 (에베소서 4:11)

VIP 정보란 — 예비크리스천 발굴대장

순번	성 명		만남 동기와 장소		직 업	
No 67	주 소				□□□-□□□	
	핸드폰		이메일		종 교	
	전 화		나와관계		전도대상 관리여부	○ ×
	메모란					
				점프리더수첩으로 명부 이전		○ ×

순번	성 명		만남 동기와 장소		직 업	
No 68	주 소				□□□-□□□	
	핸드폰		이메일		종 교	
	전 화		나와관계		전도대상 관리여부	○ ×
	메모란					
				점프리더수첩으로 명부 이전		○ ×

순번	성 명		만남 동기와 장소		직 업	
No 69	주 소				□□□-□□□	
	핸드폰		이메일		종 교	
	전 화		나와관계		전도대상 관리여부	○ ×
	메모란					
				점프리더수첩으로 명부 이전		○ ×

하·나·님·사·랑·점·프·이·웃·사·랑·점·프

또 나를 위하여 구할 것은 내게 말씀을 주사 나로 입을 열어 복음의 비밀을 담대히 알리게 하옵소서 할 것이니 (에베소서 6:19)

VIP 정보란   예비크리스천 발굴대장

순번	성 명		만남 동기와 장소		직 업	
No 70	주 소					□□□-□□□
	핸드폰		이메일		종 교	
	전 화		나와관계		전도대상 관리여부	○ ×
	메모란					
				점프리더수첩으로 명부 이전		○ ×

순번	성 명		만남 동기와 장소		직 업	
No 71	주 소					□□□-□□□
	핸드폰		이메일		종 교	
	전 화		나와관계		전도대상 관리여부	○ ×
	메모란					
				점프리더수첩으로 명부 이전		○ ×

순번	성 명		만남 동기와 장소		직 업	
No 72	주 소					□□□-□□□
	핸드폰		이메일		종 교	
	전 화		나와관계		전도대상 관리여부	○ ×
	메모란					
				점프리더수첩으로 명부 이전		○ ×

하·나·님·사·랑·점·프·이·웃·사·랑·점·프

누구든지 자기 목숨을 구원하고자 하면 잃을 것이요 누구든지 나와 복음을 위하여 자기 목숨을 잃으면 구원하리라 (마가복음 8:35)

VIP 정보란 — 예비크리스천 발굴대장

순번	성 명		만남 동기와 장소		직 업	
No 73	주 소					□□□-□□□
	핸드폰		이메일		종 교	
	전 화		나와관계		전도대상 관리여부	○ ×
	메모란					
				점프리더수첩으로 명부 이전		○ ×

순번	성 명		만남 동기와 장소		직 업	
No 74	주 소					□□□-□□□
	핸드폰		이메일		종 교	
	전 화		나와관계		전도대상 관리여부	○ ×
	메모란					
				점프리더수첩으로 명부 이전		○ ×

순번	성 명		만남 동기와 장소		직 업	
No 75	주 소					□□□-□□□
	핸드폰		이메일		종 교	
	전 화		나와관계		전도대상 관리여부	○ ×
	메모란					
				점프리더수첩으로 명부 이전		○ ×

하·나·님·사·랑·점·프·이·웃·사·랑·점·프

또 이르시되 너희는 온 천하에 다니며 만민에게 복음을 전파하라 (마가복음 16:15)

VIP 정보란 — 예비크리스천 발굴대장

순번	성 명	만남 동기와 장소		직 업	
No 76	주 소				□□□-□□□
	핸드폰	이메일		종 교	
	전 화	나와관계		전도대상 관리여부	○ ×
	메모란			점프리더수첩으로 명부 이전	○ ×

순번	성 명	만남 동기와 장소		직 업	
No 77	주 소				□□□-□□□
	핸드폰	이메일		종 교	
	전 화	나와관계		전도대상 관리여부	○ ×
	메모란			점프리더수첩으로 명부 이전	○ ×

순번	성 명	만남 동기와 장소		직 업	
No 78	주 소				□□□-□□□
	핸드폰	이메일		종 교	
	전 화	나와관계		전도대상 관리여부	○ ×
	메모란			점프리더수첩으로 명부 이전	○ ×

하·나·님·사·랑·점·프·이·웃·사·랑·점·프

그 안에서 너희도 진리의 말씀 곧 너희의 구원의 복음을 듣고 그 안에서 또한 믿어 약속의 성령으로 인치심을 받았으니 (에베소서 1:13)

VIP 정보란 — 예비크리스천 발굴대장

순번	성 명		만남 동기와 장소		직 업	
No 79	주 소				□□□-□□□	
	핸드폰		이메일		종 교	
	전 화		나와관계		전도대상 관리여부	○ ×
	메모란					
				점프리더수첩으로 명부 이전		○ ×

순번	성 명		만남 동기와 장소		직 업	
No 80	주 소				□□□-□□□	
	핸드폰		이메일		종 교	
	전 화		나와관계		전도대상 관리여부	○ ×
	메모란					
				점프리더수첩으로 명부 이전		○ ×

순번	성 명		만남 동기와 장소		직 업	
No 81	주 소				□□□-□□□	
	핸드폰		이메일		종 교	
	전 화		나와관계		전도대상 관리여부	○ ×
	메모란					
				점프리더수첩으로 명부 이전		○ ×

하·나·님·사·랑·점·프·이·웃·사·랑·점·프

그리스도 안에서 일만 스승이 있으되 아버지는 많지 아니하니 그리스도 예수 안에서 내가 복음으로써 너희를 낳았음이라 (고린도전서 4:15)

VIP 정보란 예비크리스천 발굴대장

순번	성 명		만남 동기와 장소		직 업	
No 82	주 소					☐☐☐-☐☐☐
	핸드폰		이메일		종 교	
	전 화		나와관계		전도대상 관리여부	○ ×
	메모란					
				점프리더수첩으로 명부 이전		○ ×

순번	성 명		만남 동기와 장소		직 업	
No 83	주 소					☐☐☐-☐☐☐
	핸드폰		이메일		종 교	
	전 화		나와관계		전도대상 관리여부	○ ×
	메모란					
				점프리더수첩으로 명부 이전		○ ×

순번	성 명		만남 동기와 장소		직 업	
No 84	주 소					☐☐☐-☐☐☐
	핸드폰		이메일		종 교	
	전 화		나와관계		전도대상 관리여부	○ ×
	메모란					
				점프리더수첩으로 명부 이전		○ ×

하·나·님·사·랑·점·프·이·웃·사·랑·점·프

내가 이 복음을 위하여 선포자와 사도와 교사로 세우심을 입었노라 (디모데후서 1:11)

VIP 정보란 — 예비크리스천 발굴대장

순번	성 명		만남 동기와 장소		직 업	
No 85	주 소					□□□-□□□
	핸드폰		이메일		종 교	
	전 화		나와관계		전도대상 관리여부	○ ×
	메모란					
				점프리더수첩으로 명부 이전		○ ×

순번	성 명		만남 동기와 장소		직 업	
No 86	주 소					□□□-□□□
	핸드폰		이메일		종 교	
	전 화		나와관계		전도대상 관리여부	○ ×
	메모란					
				점프리더수첩으로 명부 이전		○ ×

순번	성 명		만남 동기와 장소		직 업	
No 87	주 소					□□□-□□□
	핸드폰		이메일		종 교	
	전 화		나와관계		전도대상 관리여부	○ ×
	메모란					
				점프리더수첩으로 명부 이전		○ ×

하·나·님·사·랑·점·프·이·웃·사·랑·점·프

빌립이 입을 열어 이 글에서 시작하여 예수를 가르쳐 복음을 전하니 (사도행전 8:35)

VIP 정보란 — 예비크리스천 발굴대장

순번	성 명		만남 동기와 장소		직 업	
No 88	주 소				☐☐☐-☐☐☐	
	핸드폰		이메일		종 교	
	전 화		나와관계		전도대상 관리여부	○ ×
	메모란					
				점프리더수첩으로 명부 이전	○ ×	

순번	성 명		만남 동기와 장소		직 업	
No 89	주 소				☐☐☐-☐☐☐	
	핸드폰		이메일		종 교	
	전 화		나와관계		전도대상 관리여부	○ ×
	메모란					
				점프리더수첩으로 명부 이전	○ ×	

순번	성 명		만남 동기와 장소		직 업	
No 90	주 소				☐☐☐-☐☐☐	
	핸드폰		이메일		종 교	
	전 화		나와관계		전도대상 관리여부	○ ×
	메모란					
				점프리더수첩으로 명부 이전	○ ×	

하·나·님·사·랑·점·프·이·웃·사·랑·점·프

예수께서 이르시되 내가 다른 동네들에서도 하나님의 나라 복음을 전하여야 하리니 나는 이 일을 위해 보내심을 받았노라 하시고 (누가복음 4:43)

VIP 정보란 예비크리스천 발굴대장

순번	성 명		만남 동기와 장소		직 업	
No 91	주 소					☐☐☐-☐☐☐
	핸드폰		이메일		종 교	
	전 화		나와관계		전도대상 관리여부	○ ×
	메모란					
				점프리더수첩으로 명부 이전		○ ×

순번	성 명		만남 동기와 장소		직 업	
No 92	주 소					☐☐☐-☐☐☐
	핸드폰		이메일		종 교	
	전 화		나와관계		전도대상 관리여부	○ ×
	메모란					
				점프리더수첩으로 명부 이전		○ ×

순번	성 명		만남 동기와 장소		직 업	
No 93	주 소					☐☐☐-☐☐☐
	핸드폰		이메일		종 교	
	전 화		나와관계		전도대상 관리여부	○ ×
	메모란					
				점프리더수첩으로 명부 이전		○ ×

하·나·님·사·랑·점·프·이·웃·사·랑·점·프

너희가 첫날부터 이제까지 복음을 위한 일에 참여하고 있기 때문이라 (빌립보서 1:5)

VIP 정보란 — 예비크리스천 발굴대장

순번	성 명		만남 동기와 장소		직 업	
No 94	주 소				□□□-□□□	
	핸드폰		이메일		종 교	
	전 화		나와관계		전도대상 관리여부	○ ×
	메모란					
				점프리더수첩으로 명부 이전		○ ×

순번	성 명		만남 동기와 장소		직 업	
No 95	주 소				□□□-□□□	
	핸드폰		이메일		종 교	
	전 화		나와관계		전도대상 관리여부	○ ×
	메모란					
				점프리더수첩으로 명부 이전		○ ×

순번	성 명		만남 동기와 장소		직 업	
No 96	주 소				□□□-□□□	
	핸드폰		이메일		종 교	
	전 화		나와관계		전도대상 관리여부	○ ×
	메모란					
				점프리더수첩으로 명부 이전		○ ×

하·나·님·사·랑·점·프·이·웃·사·랑·점·프

또 보니 다른 천사가 공중에 날아가는데 땅에 거주하는 자들 곧 모든 민족과 종족과 방언과
백성에게 전할 영원한 복음을 가졌더라 (요한계시록 14:6)

VIP 정보란 예비크리스천 발굴대장

순번	성 명		만남 동기와 장소		직 업	
No 97	주 소				□□□-□□□	
	핸드폰		이메일		종 교	
	전 화		나와관계		전도대상 관리여부	○ ×
	메모란					
				점프리더수첩으로 명부 이전		○ ×

순번	성 명		만남 동기와 장소		직 업	
No 98	주 소				□□□-□□□	
	핸드폰		이메일		종 교	
	전 화		나와관계		전도대상 관리여부	○ ×
	메모란					
				점프리더수첩으로 명부 이전		○ ×

순번	성 명		만남 동기와 장소		직 업	
No 99	주 소				□□□-□□□	
	핸드폰		이메일		종 교	
	전 화		나와관계		전도대상 관리여부	○ ×
	메모란					
				점프리더수첩으로 명부 이전		○ ×

하·나·님·사·랑·점·프·이·웃·사·랑·점·프

이는 이방인들이 복음으로 말미암아 그리스도 예수 안에서 함께 상속자가 되고 함께 지체가 되고 함께 약속에 참여하는 자가 됨이라 (에베소서 3:6)

VIP 정보란 예비크리스천 발굴대장

순번	성 명		만남 동기와 장소		직 업	
No 100	주 소				□□□-□□□	
	핸드폰		이메일		종 교	
	전 화		나와관계		전도대상 관리여부	○ ×
	메모란				점프리더수첩으로 명부 이전	○ ×

순번	성 명		만남 동기와 장소		직 업	
No 101	주 소				□□□-□□□	
	핸드폰		이메일		종 교	
	전 화		나와관계		전도대상 관리여부	○ ×
	메모란				점프리더수첩으로 명부 이전	○ ×

순번	성 명		만남 동기와 장소		직 업	
No 102	주 소				□□□-□□□	
	핸드폰		이메일		종 교	
	전 화		나와관계		전도대상 관리여부	○ ×
	메모란				점프리더수첩으로 명부 이전	○ ×

점프전도운동훈련

제자들이 나가 각 마을에 두루 다니며 곳곳에 복음을 전하며 병을 고치더라 (누가복음 9:6)

VIP 정보란 - 예비크리스천 발굴대장

순번	성 명		만남 동기와 장소		직 업	
No 103	주 소					☐☐☐-☐☐☐
	핸드폰		이메일		종 교	
	전 화		나와관계		전도대상 관리여부	○ ×
	메모란					
				점프리더수첩으로 명부 이전		○ ×

순번	성 명		만남 동기와 장소		직 업	
No 104	주 소					☐☐☐-☐☐☐
	핸드폰		이메일		종 교	
	전 화		나와관계		전도대상 관리여부	○ ×
	메모란					
				점프리더수첩으로 명부 이전		○ ×

순번	성 명		만남 동기와 장소		직 업	
No 105	주 소					☐☐☐-☐☐☐
	핸드폰		이메일		종 교	
	전 화		나와관계		전도대상 관리여부	○ ×
	메모란					
				점프리더수첩으로 명부 이전		○ ×

하 • 나 • 님 • 사 • 랑 • 점 • 프 • 이 • 웃 • 사 • 랑 • 점 • 프

예수께서 모든 도시와 마을에 두루 다니사 그들의 회당에서 가르치시며 천국 복음을 전파하시며 모든 병과 모든 약한 것을 고치시니라 (마태복음 9:35)

VIP 정보란 — 예비크리스천 발굴대장

순번	성 명		만남 동기와 장소		직 업	
No 106	주 소				□□□-□□□	
	핸드폰		이메일		종 교	
	전 화		나와관계		전도대상 관리여부	○ ×
	메모란					
				점프리더수첩으로 명부 이전		○ ×

순번	성 명		만남 동기와 장소		직 업	
No 107	주 소				□□□-□□□	
	핸드폰		이메일		종 교	
	전 화		나와관계		전도대상 관리여부	○ ×
	메모란					
				점프리더수첩으로 명부 이전		○ ×

순번	성 명		만남 동기와 장소		직 업	
No 108	주 소				□□□-□□□	
	핸드폰		이메일		종 교	
	전 화		나와관계		전도대상 관리여부	○ ×
	메모란					
				점프리더수첩으로 명부 이전		○ ×

예수께서 온 갈릴리에 두루 다니사 그들의 회당에서 가르치시며 천국 복음을 전파하시며 백성 중의 모든 병과 모든 약한 것을 고치시니 (마태복음 4:23)

VIP 정보란 예비크리스천 발굴대장

순번	성 명		만남 동기와 장소		직 업	
No 109	주 소					□□□-□□□
	핸드폰		이메일		종 교	
	전 화		나와관계		전도대상 관리여부	○ ×
	메모란					
				점프리더수첩으로 명부 이전		○ ×

순번	성 명		만남 동기와 장소		직 업	
No 110	주 소					□□□-□□□
	핸드폰		이메일		종 교	
	전 화		나와관계		전도대상 관리여부	○ ×
	메모란					
				점프리더수첩으로 명부 이전		○ ×

순번	성 명		만남 동기와 장소		직 업	
No 111	주 소					□□□-□□□
	핸드폰		이메일		종 교	
	전 화		나와관계		전도대상 관리여부	○ ×
	메모란					
				점프리더수첩으로 명부 이전		○ ×

하·나·님·사·랑·점·프·이·웃·사·랑·점·프

우리가 이같이 너희를 사모하여 하나님의 복음뿐 아니라 우리의 목숨까지도 너희에게 주기를 기뻐함은 너희가 우리의 사랑하는 자 됨이라 (데살로니가전서 2:8)

VIP 정보란 예비크리스천 발굴대장

순번	성 명		만남 동기와 장소		직 업	
No 112	주 소					☐☐☐-☐☐☐
	핸드폰		이메일		종 교	
	전 화		나와관계		전도대상 관리여부	○ ✕
	메모란				점프리더수첩으로 명부 이전	○ ✕

순번	성 명		만남 동기와 장소		직 업	
No 113	주 소					☐☐☐-☐☐☐
	핸드폰		이메일		종 교	
	전 화		나와관계		전도대상 관리여부	○ ✕
	메모란				점프리더수첩으로 명부 이전	○ ✕

순번	성 명		만남 동기와 장소		직 업	
No 114	주 소					☐☐☐-☐☐☐
	핸드폰		이메일		종 교	
	전 화		나와관계		전도대상 관리여부	○ ✕
	메모란				점프리더수첩으로 명부 이전	○ ✕

하 · 나 · 님 · 사 · 랑 · 점 · 프 · 이 · 웃 · 사 · 랑 · 점 · 프

내가 처음에 육체의 약함으로 말미암아 너희에게 복음을 전한 것을 너희가 아는 바라
(갈라디아서 4:13)

VIP 정보란 예비크리스천 발굴대장

순번	성 명		만남 동기와 장소		직 업	
No 115	주 소					☐☐☐-☐☐☐
	핸드폰		이메일		종 교	
	전 화		나와관계		전도대상 관리여부	○ ×
	메모란				점프리더수첩으로 명부 이전	○ ×

순번	성 명		만남 동기와 장소		직 업	
No 116	주 소					☐☐☐-☐☐☐
	핸드폰		이메일		종 교	
	전 화		나와관계		전도대상 관리여부	○ ×
	메모란				점프리더수첩으로 명부 이전	○ ×

순번	성 명		만남 동기와 장소		직 업	
No 117	주 소					☐☐☐-☐☐☐
	핸드폰		이메일		종 교	
	전 화		나와관계		전도대상 관리여부	○ ×
	메모란				점프리더수첩으로 명부 이전	○ ×

하·나·님·사·랑·점·프·이·웃·사·랑·점·프

오직 주의 말씀은 세세토록 있도다 하였으니 너희에게 전한 복음이 곧 이 말씀이니라
(베드로전서 1:25)

VIP 정보란 예비크리스천 발굴대장

순번	성 명		만남 동기와 장소		직 업	
No 118	주 소					☐☐☐-☐☐☐
	핸드폰		이메일		종 교	
	전 화		나와관계		전도대상 관리여부	○ ×
	메모란				점프리더수첩으로 명부 이전	○ ×

순번	성 명		만남 동기와 장소		직 업	
No 119	주 소					☐☐☐-☐☐☐
	핸드폰		이메일		종 교	
	전 화		나와관계		전도대상 관리여부	○ ×
	메모란				점프리더수첩으로 명부 이전	○ ×

순번	성 명		만남 동기와 장소		직 업	
No 120	주 소					☐☐☐-☐☐☐
	핸드폰		이메일		종 교	
	전 화		나와관계		전도대상 관리여부	○ ×
	메모란				점프리더수첩으로 명부 이전	○ ×

하·나·님·사·랑·점·프·이·웃·사·랑·점·프

이르시되 때가 찼고 하나님의 나라가 가까이 왔으니 회개하고 복음을 믿으라 하시더라
(마가복음 1:15)

VIP 정보란 예비크리스천 발굴대장

순번	성 명	만남 동기와 장소		직업	
No 121	주 소				□□□-□□□
	핸드폰	이메일		종 교	
	전 화	나와관계		전도대상 관리여부	○ ×
	메모란		점프리더수첩으로 명부 이전		○ ×

순번	성 명	만남 동기와 장소		직업	
No 122	주 소				□□□-□□□
	핸드폰	이메일		종 교	
	전 화	나와관계		전도대상 관리여부	○ ×
	메모란		점프리더수첩으로 명부 이전		○ ×

순번	성 명	만남 동기와 장소		직업	
No 123	주 소				□□□-□□□
	핸드폰	이메일		종 교	
	전 화	나와관계		전도대상 관리여부	○ ×
	메모란		점프리더수첩으로 명부 이전		○ ×

하·나·님·사·랑·점·프·이·웃·사·랑·점·프

예수께서 이르시되 내가 진실로 너희에게 이르노니 나와 복음을 위하여 집이나 형제나 자매나
어머니나 아버지나 자식이나 전토를 버린 자는 현세에 있어 집과 형제와 자매와
어머니와 자식과 전토를 백 배나 받되 박해를 겸하여 받고 내세에 영생을 받지 못할 자가 없느니라
(마가복음 10:29~30)

VIP 정보란 예비크리스천 발굴대장

순번	성 명		만남 동기와 장소		직 업	
No 124	주 소					☐☐☐-☐☐☐
	핸드폰		이메일		종 교	
	전 화		나와관계		전도대상 관리여부	○ ×
	메모란					
				점프리더수첩으로 명부 이전		○ ×

순번	성 명		만남 동기와 장소		직 업	
No 125	주 소					☐☐☐-☐☐☐
	핸드폰		이메일		종 교	
	전 화		나와관계		전도대상 관리여부	○ ×
	메모란					
				점프리더수첩으로 명부 이전		○ ×

순번	성 명		만남 동기와 장소		직 업	
No 126	주 소					☐☐☐-☐☐☐
	핸드폰		이메일		종 교	
	전 화		나와관계		전도대상 관리여부	○ ×
	메모란					
				점프리더수첩으로 명부 이전		○ ×

하·나·님·사·랑·점·프·이·웃·사·랑·점·프

이 천국 복음이 모든 민족에게 증언되기 위하여 온 세상에 전파되리니 그제야 끝이 오리라
(마태복음 24:14)

VIP 정보란 — 예비크리스천 발굴대장

순번	성 명		만남 동기와 장소		직 업	
No 127	주 소				□□□-□□□	
	핸드폰		이메일		종 교	
	전 화		나와관계		전도대상 관리여부	○ ×
	메모란					
				점프리더수첩으로 명부 이전		○ ×

순번	성 명		만남 동기와 장소		직 업	
No 128	주 소				□□□-□□□	
	핸드폰		이메일		종 교	
	전 화		나와관계		전도대상 관리여부	○ ×
	메모란					
				점프리더수첩으로 명부 이전		○ ×

순번	성 명		만남 동기와 장소		직 업	
No 129	주 소				□□□-□□□	
	핸드폰		이메일		종 교	
	전 화		나와관계		전도대상 관리여부	○ ×
	메모란					
				점프리더수첩으로 명부 이전		○ ×

점프전도운동훈련

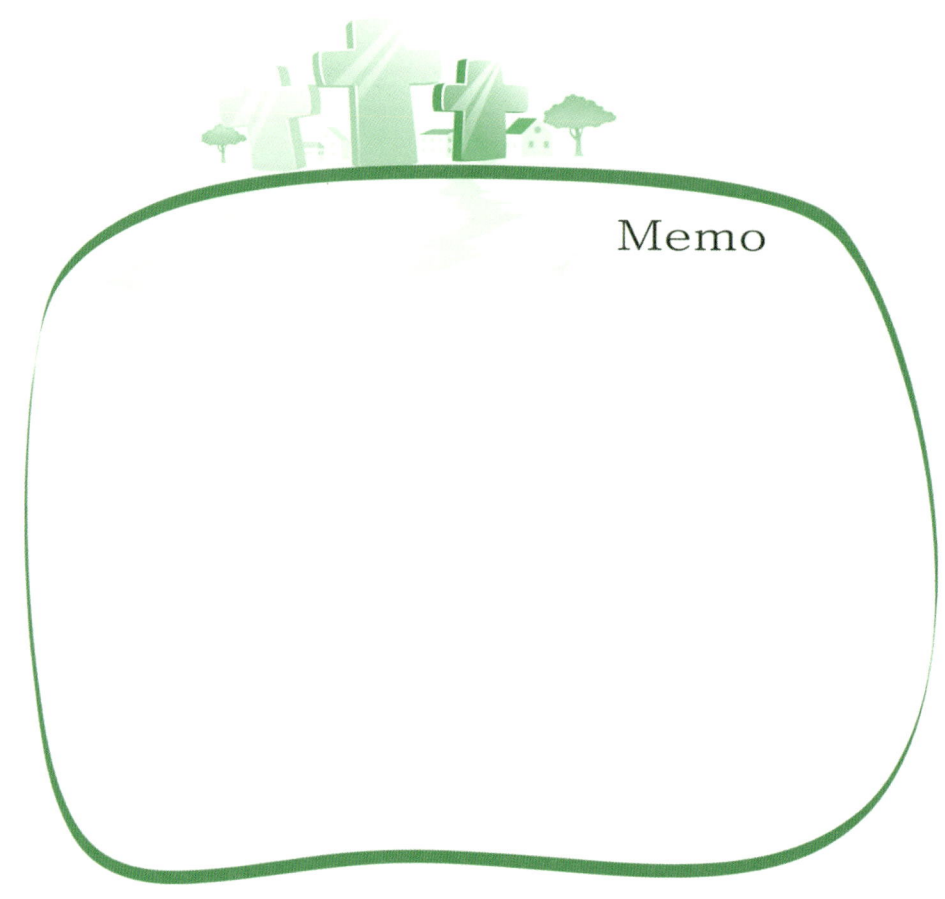

맹인이 보며 못 걷는 사람이 걸으며 나병환자가 깨끗함을 받으며 못 듣는 자가 들으며 죽은 자가 살아나며 가난한 자에게 복음이 전파된다 하라 (마태복음 11:5)

VIP 정보란 — 예비크리스천 발굴대장

순번	성 명		만남 동기와 장소		직 업	
No 130	주 소				☐☐☐-☐☐☐	
	핸드폰		이메일		종 교	
	전 화		나와관계		전도대상 관리여부	○ ×
	메모란					
				점프리더수첩으로 명부 이전		○ ×

순번	성 명		만남 동기와 장소		직 업	
No 131	주 소				☐☐☐-☐☐☐	
	핸드폰		이메일		종 교	
	전 화		나와관계		전도대상 관리여부	○ ×
	메모란					
				점프리더수첩으로 명부 이전		○ ×

순번	성 명		만남 동기와 장소		직 업	
No 132	주 소				☐☐☐-☐☐☐	
	핸드폰		이메일		종 교	
	전 화		나와관계		전도대상 관리여부	○ ×
	메모란					
				점프리더수첩으로 명부 이전		○ ×

하·나·님·사·랑·점·프·이·웃·사·랑·점·프

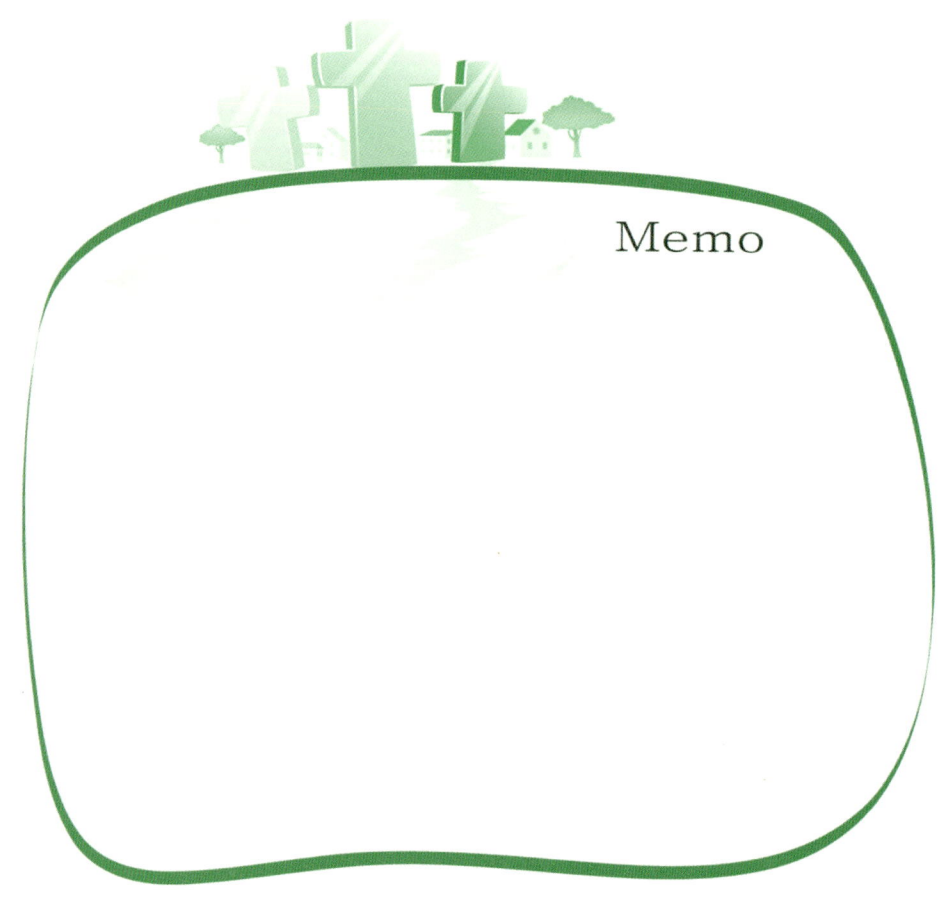

형제들아 내가 너희에게 알게 하노니 내가 전한 복음은 사람의 뜻을 따라 된 것이 아니니라
(갈라디아서 1:11)

VIP 정보란 예비크리스천 발굴대장

순번	성 명		만남 동기와 장소		직 업	
No 133	주 소					☐☐☐-☐☐☐
	핸드폰		이메일		종 교	
	전 화		나와관계		전도대상 관리여부	○ ×
	메모란					
				점프리더수첩으로 명부 이전		○ ×

순번	성 명		만남 동기와 장소		직 업	
No 134	주 소					☐☐☐-☐☐☐
	핸드폰		이메일		종 교	
	전 화		나와관계		전도대상 관리여부	○ ×
	메모란					
				점프리더수첩으로 명부 이전		○ ×

순번	성 명		만남 동기와 장소		직 업	
No 135	주 소					☐☐☐-☐☐☐
	핸드폰		이메일		종 교	
	전 화		나와관계		전도대상 관리여부	○ ×
	메모란					
				점프리더수첩으로 명부 이전		○ ×

하·나·님·사·랑·점·프·이·웃·사·랑·점·프

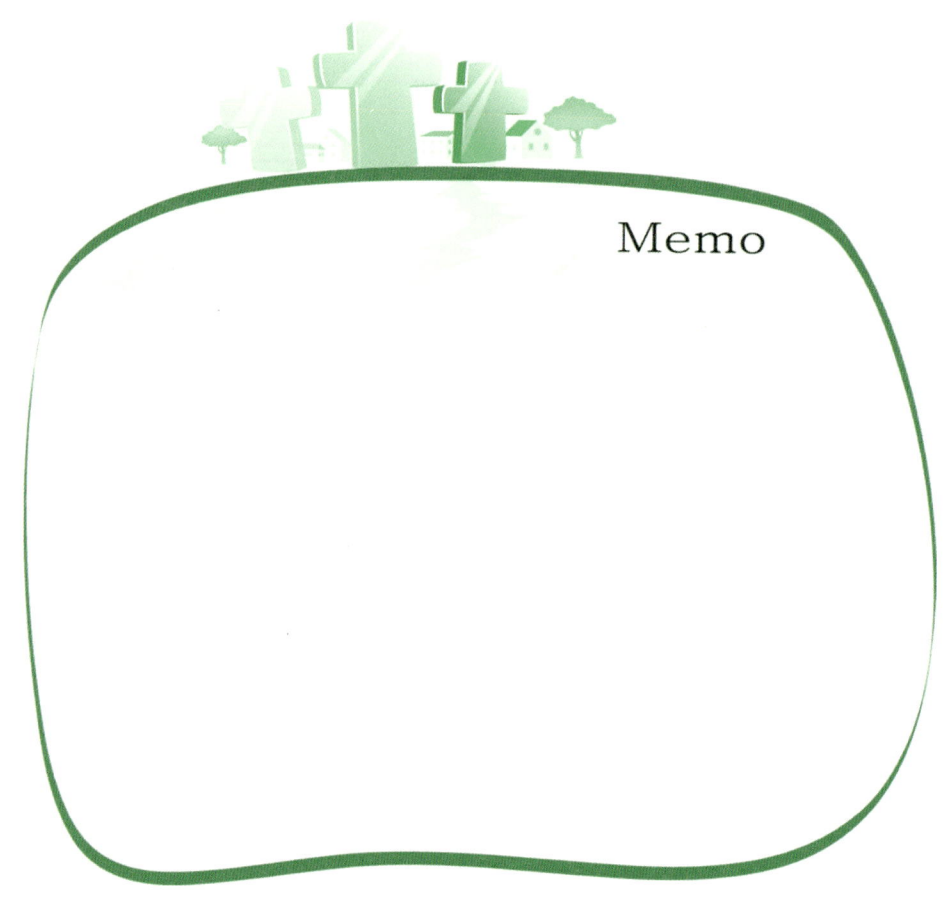

이 복음이 이미 너희에게 이르매 너희가 듣고 참으로 하나님의 은혜를 깨달은 날부터 너희 중에서와 같이 또한 온 천하에서도 열매를 맺어 자라는도다 (골로새서 1:6)

VIP 정보란 — 예비크리스천 발굴대장

순번	성 명		만남 동기와 장소		직 업	
No 136	주 소					□□□-□□□
	핸드폰		이메일		종 교	
	전 화		나와관계		전도대상 관리여부	○ ×
	메모란					
				점프리더수첩으로 명부 이전		○ ×

순번	성 명		만남 동기와 장소		직 업	
No 137	주 소					□□□-□□□
	핸드폰		이메일		종 교	
	전 화		나와관계		전도대상 관리여부	○ ×
	메모란					
				점프리더수첩으로 명부 이전		○ ×

순번	성 명		만남 동기와 장소		직 업	
No 138	주 소					□□□-□□□
	핸드폰		이메일		종 교	
	전 화		나와관계		전도대상 관리여부	○ ×
	메모란					
				점프리더수첩으로 명부 이전		○ ×

하·나·님·사·랑·점·프·이·웃·사·랑·점·프

그러므로 너는 내가 우리 주를 증언함과 또는 주를 위하여 갇힌 자 된 나를 부끄러워하지 말고 오직 하나님의 능력을 따라 복음과 함께 고난을 받으라 (디모데후서 1:8)

VIP 정보란 예비크리스천 발굴대장

순번	성 명		만남 동기와 장소		직 업	
No 139	주 소					☐☐☐-☐☐☐
	핸드폰		이메일		종 교	
	전 화		나와관계		전도대상 관리여부	○ ×
	메모란					
				점프리더수첩으로 명부 이전		○ ×

순번	성 명		만남 동기와 장소		직 업	
No 140	주 소					☐☐☐-☐☐☐
	핸드폰		이메일		종 교	
	전 화		나와관계		전도대상 관리여부	○ ×
	메모란					
				점프리더수첩으로 명부 이전		○ ×

순번	성 명		만남 동기와 장소		직 업	
No 141	주 소					☐☐☐-☐☐☐
	핸드폰		이메일		종 교	
	전 화		나와관계		전도대상 관리여부	○ ×
	메모란					
				점프리더수첩으로 명부 이전		○ ×

점프전도운동훈련

하·나·님·사·랑·점·프·이·웃·사·랑·점·프

내가 달려갈 길과 주 예수께 받은 사명 곧 하나님의 은혜의 복음을 증언하는 일을 마치려 함에는 나의 생명조차 조금도 귀한 것으로 여기지 아니하노라 (사도행전 20:24)

VIP 정보란 — 예비크리스천 발굴대장

순번	성 명		만남 동기와 장소		직 업	
No 142	주 소					□□□-□□□
	핸드폰		이메일		종 교	
	전 화		나와관계		전도대상 관리여부	○ ×
	메모란				점프리더수첩으로 명부 이전	○ ×

순번	성 명		만남 동기와 장소		직 업	
No 143	주 소					□□□-□□□
	핸드폰		이메일		종 교	
	전 화		나와관계		전도대상 관리여부	○ ×
	메모란				점프리더수첩으로 명부 이전	○ ×

순번	성 명		만남 동기와 장소		직 업	
No 144	주 소					□□□-□□□
	핸드폰		이메일		종 교	
	전 화		나와관계		전도대상 관리여부	○ ×
	메모란				점프리더수첩으로 명부 이전	○ ×

너희가 아는 바와 같이 우리가 먼저 빌립보에서 고난과 능욕을 당하였으나 우리 하나님을 힘입어 많은 싸움 중에 하나님의 복음을 너희에게 전하였노라 (데살로니가전서 2:2)

VIP 정보란 — 예비크리스천 발굴대장

순번	성 명		만남 동기와 장소		직 업	
No 145	주 소					☐☐☐-☐☐☐
	핸드폰		이메일		종 교	
	전 화		나와관계		전도대상 관리여부	○ ✕
	메모란					
				점프리더수첩으로 명부 이전		○ ✕

순번	성 명		만남 동기와 장소		직 업	
No 146	주 소					☐☐☐-☐☐☐
	핸드폰		이메일		종 교	
	전 화		나와관계		전도대상 관리여부	○ ✕
	메모란					
				점프리더수첩으로 명부 이전		○ ✕

순번	성 명		만남 동기와 장소		직 업	
No 147	주 소					☐☐☐-☐☐☐
	핸드폰		이메일		종 교	
	전 화		나와관계		전도대상 관리여부	○ ✕
	메모란					
				점프리더수첩으로 명부 이전		○ ✕

하·나·님·사·랑·점·프·이·웃·사·랑·점·프

표적과 기사의 능력으로 성령의 능력으로 이루어졌으며 그리하여 내가 예루살렘으로부터 두루 행하여 일루리곤까지 그리스도의 복음을 편만하게 전하였노라 (로마서 15:19)

VIP 정보란 예비크리스천 발굴대장

순번	성 명		만남 동기와 장소		직 업	
No 148	주 소				☐☐☐-☐☐☐	
	핸드폰		이메일		종 교	
	전 화		나와관계		전도대상 관리여부	○ ×
	메모란					
				점프리더수첩으로 명부 이전		○ ×

순번	성 명		만남 동기와 장소		직 업	
No 149	주 소				☐☐☐-☐☐☐	
	핸드폰		이메일		종 교	
	전 화		나와관계		전도대상 관리여부	○ ×
	메모란					
				점프리더수첩으로 명부 이전		○ ×

순번	성 명		만남 동기와 장소		직 업	
No 150	주 소				☐☐☐-☐☐☐	
	핸드폰		이메일		종 교	
	전 화		나와관계		전도대상 관리여부	○ ×
	메모란					
				점프리더수첩으로 명부 이전		○ ×

전도

전도

Jesus Ubiquitous Mission Person

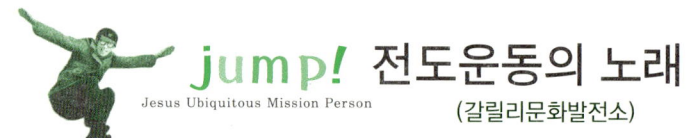

jump! 전도운동의 노래

(갈릴리문화발전소)

작사 김영수
작곡 정연숙

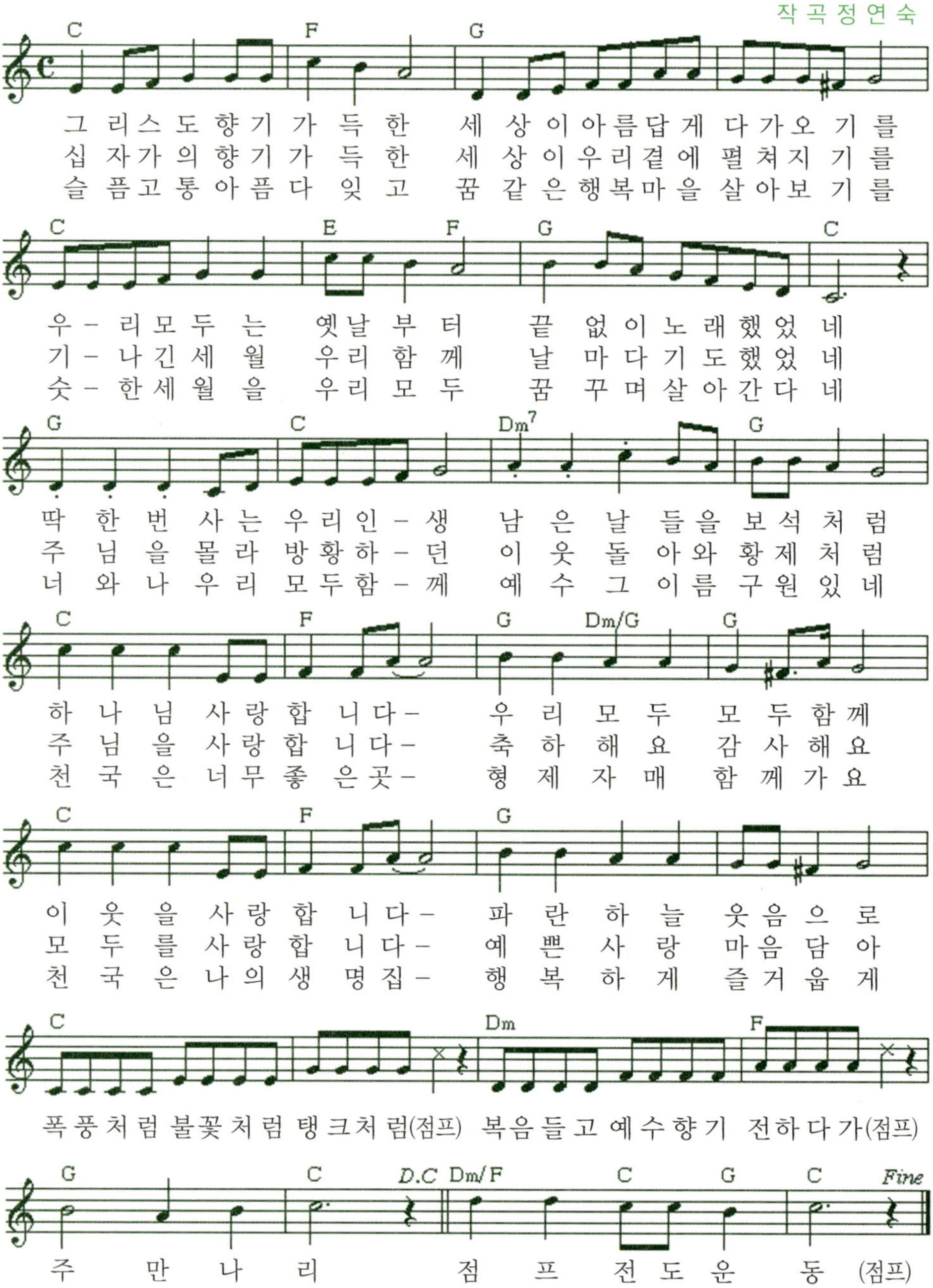
그리스도 향기 가득한 세상이 아름답게 다가오기를
십자가의 향기 가득한 세상이 우리곁에 펼쳐지기를
슬픔 고통 아픔 다 잊고 꿈같은 행복마을 살아보기를
우-리 모두는 옛날부터 끝없이 노래했었네
기-나긴 세월 우리 함께 날마다 기도했었네
숫-한 세월을 우리 모두 꿈꾸며 살아간다네
딱 한번 사는 우리 인-생 남은 날들을 보석처럼
주님을 몰라 방황하-던 이웃 돌아와 황제처럼
너와 나 우리 모두 함-께 예수 그 이름 구원있네
하나님 사랑합니다- 우리 모두 모두 함께
주님을 사랑합니다- 축하해요 감사해요
천국은 너무 좋은 곳- 형제자매 함께 가요
이웃을 사랑합니다- 파란 하늘 웃음으로
모두를 사랑합니다- 예쁜 사랑 마음 담아
천국은 나의 생명집- 행복하게 즐거웁게
폭풍처럼 불꽃처럼 탱크처럼(점프) 복음들고 예수향기 전하다가(점프)
주 만나리 점프 전도운동 (점프)
D.C
Fine

믿음의 사람들 최대 목표는 예수님을 닮는 삶이다. 그러기 위한 첫 번째는 하나님을 사랑하는 일이며, 두 번째는 이웃을 사랑하는 일이다. 이 곡의 가사는 예수님이 그러하셨듯이 점프전도운동으로 만백성이 구원받기를 희망하고 있다. 이 땅위에 모든 크리스천들이 삶의 현장과 섬기는 교회에서 전천후 복음전도자 점프맨으로 살아가기를 바라는 내용이다.

점프전도운동 실천을 위한 도서

제1권- 점프전도운동세미나 핸드북 〈점프전도운동 방향나누기〉

점프전도운동이 무엇인지 모두가 궁금해 할 것이다. 본부에서 점프전도세미나를 홍보차 개최하게 된다. 전국에서 달려온 지도자 및 성도들에게 개인과 교회를 향해 전도지향적 운영을 제시한다. 전 성도들의 잠재력을 돌출시키면 푹풍같은 불꽃같은 전도사역으로 바울같이 복음적 삶을 스스로 살아가게 될 것이다. 새로운 페러다임의 거대한 전도운동은 지역 교회마다 놀라움을 더해 줄 것이다. 이 교재는 점프전도 핵심을 알리는 강사용 교안이다.

GCP / 4×6 배판 / 칼라 64p / 갈릴리

제2권- 점프전도 오리엔테이션 〈점프전도운동 입문〉

세미나 참석 이후 점프전도운동을 우리 교회식구들과 이루어 가기 위한 1일 체험코스이다. 각기 다른 색깔을 내는 교회내 교역자와 성도들의 새로운 변화를 기대하며 전도형 크리스천, 전도형 교회로 가기 위한 동기부여와 결단을 갖게 한다.

GCP / 4×6 배판 / 칼라 64p / 갈릴리

제3권- 점프전도 100%만들기 실제 〈힌트얻기 도움 자료〉

그동안 지내오던 우리 교회 안에서 내부 봉사 위주의 전통조직을 전도형 조직으로 전환할 필요가 있다. 남성전도팀, 여성전도팀, 은사별 자율희망전도팀, 구역전도팀, 전도마트팀 등 스스로 지원 가입 하도록 하고 팀별 사업계획과 전도활동 하도록 방향을 제시한다.

GCP / 4×6 배판 / 2도 120p / 갈릴리

제4권- 점프전도 〈점프전도사관학교 주교재〉

예수님의 복음사역이 오래된 옛 문화 같지만 새로운 세계로의 초대가 아닐 수 없다. 그 일은 목적이 분명하다. 철저한 신본주의 삶인 여호와 하나님을 경외하는 세상을 만들어 가자는 것이다. 전 성도를 복음전도 장교로 세우기 위한 교재이다. 오리엔테이션을 경험한 자들이 지원하는 전문과정이다.

GCP / 4×6 배판 / 칼라 240p / 갈릴리

제5권- 점프! 새가족교육 〈초신자, 이명교인, 새가족교육 교재〉

신앙인 남녀노소를 막론하고 교회안에 식구들의 믿음관이 각각 다르다. 지도자들의 희망처럼 같은 색깔을 낼 수 있다면 얼마나 힘이 있겠는가? 라고 생각한다. 초신자 및 기신자 그리고 이명온 성도들, 연륜이 각각 다르다는 성도들에게 점프! 새가족교육 5주 과정을 통과시키면 믿음 재정리 및 복음적 삶을 살게 될 것이다.

GCP / 신국판 / 2도 64p / 갈릴리

제6권- 점프! 기본신앙교육 〈믿음과 실천다지기 13코스〉

신앙생활을 막연하게 하다보면 어느새 타성에 젖어 크리스천 존재로서 자부심이 약해지고 가치 중심의 믿음생활을 놓치게 된다. 무슨 일이든 기본이 중요하다. 말씀 중심의 13개 주제를 다루며 기본 신앙교육을 성도들이 경험하게 된다면 건강한 신앙인으로 우뚝서게 될 것이다.

GCP / 4×6 배판 / 칼라 128P / 갈릴리

점프전도운동 실천을 위한 도서

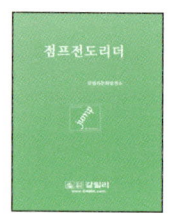

제7권- 점프전도 리더 〈포켓용 전도자 수첩〉
점프전도 운동가들이 포켓용 고급수첩을 늘 소지하고 점프전도운동가로써 자기관리 / 복음제시 / 예비크리스천 VIP관리 / 심방자료 활용에 선용할 수 있는 보물이다. 내 몸에서 떨어질 수 없도록 항상 비서처럼 소장하고 활용할 수 있다.

GCP / 포켓용 / 칼라 168p / 갈릴리

제8권- 점프! 전도 대상자를 찾아라! 〈예비크리스천 신상 메모노트〉
일상생활에서 수 많은 사람을 만나게 된다. 상대방의 기초자료 / 이름 / 전화 / 핸드폰 / 이메일 / 종교 / 특징을 파악하여 메모해 나간다. 그 중 확실한 VIP 예비크리스천 발굴도 가능케 될 것이며, 직, 간접으로 복음전도가 지속적으로 이루어 질 것이다. (개인 소장용)

GCP / 4×6 배판 / 2도 112p / 갈릴리

제9권- 점프! 전도 여행일기 〈매일 개인별 일기 쓰기 노트〉
매일 일과를 마치고 하루의 삶을 돌아보면서 사도바울처럼 복음 전한 흔적을 기록해 본다. 새로운 내일을 더욱 아름답게 설계할 수 있으며 전도여행일기 기록이 전도자로써 생애 최고 값진 추억이 될 것이다. 복음전도를 위해 기도, 말씀, 선물, 모범적 자기관리를 준비 하도록 돕는다.

GCP / 4×6 배판 / 2도 136p / 갈릴리

제10권- 점프! 팀원 관리대장 〈각 전도팀 팀원 관리용 카드〉
교회에 구역 및 각종 전도 팀사역 모임이 있지만 회원들을 성실하게 관리하기가 참 어렵다는 생각을 지울 수 없다. 왜 일까? 전 회기 때부터 흘러내려오는 관리방식의 부재이다. 좀더 명확한 그리고 구체적인 방식으로 관리하고 회기를 마칠 때 마다 관리노트가 차기임원에게 전수되면 효과는 기대이상으로 좋은 결과를 가져 오게 한다.

GCP / 바인더용 내지 100장 묶음 / 갈릴리

제11권- 점프! 성도생활 기록카드 〈전교인 점프전도자 세우기 교육관리용 카드〉
교회내 성도들 교육훈련은 대부분 희망자 중심으로 하게 된다. 본인이 원치 않으면 교육없이 신앙생활을 계속하게 된다. 종합관리는 물론 성도가 같은 방향을 지향 하도록 하기 위서는 교육대장을 준비하고 수료여부를 체크하며 점차적으로 모든 성도를 같은 교육훈련 받도록 관리하는 총괄대장이다.

GCP / 바인더용 내지 100장 묶음 / 갈릴리

함|께|가|고|싶|은|길

다시오실 예수 그리스도를 설레이는 마음으로 기다리며 복음운동을 펼쳐가고자 합니다. 한국교회의 다양한 현장들을 보면서 숨겨진 거대한 발전적 비전이 눈앞에 있음을 꿈에도 잊을 수가 없습니다.

실적중심에서 가치중심으로 생각을 지니도록 한다면 모든 크리스천들이 **Jesus Ubiquitous Mission Person** 즉 "언제 어디서나 복음을 전하는 사람" **Jump man**으로 살아가게 될 것입니다.

이 생명 다 하는 날까지 믿음의 사람들과 잠재력을 모으고 방향을 전환하여 폭발적인 제3의 교회 부흥을 경험하기를 원합니다.

지금 이순간!

하나님의 간절한 바램은 생명 건지는 긴급한 복음사역을 위해 쓰임 받기를 요구하십니다. 우리를 향하신 창조주 하나님의 놀라운 비전이 있습니다.

우리 크리스천들이 지구촌 모퉁이에서 복음의 회복을 위해 건전한 기독교 문화를 꽃피어 나도록 온 몸을 불 살라야 합니다.

거룩한 미래시대를 꿈꾸며 하나님 사랑을 위하여, 이웃 사랑을 위하여, 함께 뛰어 오르자고 외치고 싶습니다.

떳떳한 크리스천의 아름다운 생애를 위해 여러분과 함께 하기를 희망합니다.
Jump!

대표 김영수 장로
갈릴리문화발전소 3대 사역
① 전도사역 - 점프전도운동
② 문서선교 - 도서출판 갈릴리
③ 영어전도 - COS영어교육
대한예수교장로회 목양교회(합동)
www.G4004.com

점프전도 운동을 위한

점프전도 대상자를 찾아라

기 획 갈릴리문화발전소
펴낸이 김 영 수
편 집 정 해 랑
표지디자인 신별나
펴낸곳 도서출판 갈릴리
발행일 2010년 7월 30일
등록번호 제 1072-28
등록일 1995. 2. 25
주 소 경기도 안양시 동안구 매곡로 44번길 58 (비산3동)
홈페이지 : www.g4004.com
대표전화 (031) 386-4004
팩스 (031) 386-4082

※ 파본은 교환하여 드립니다.